O Conto do Rouxinol em Cordel

Editora responsável | Rosana de Mont'Alverne Neto
Assistente editorial | Patrícia Franca
Comunicação | Thaíne Belissa
Revisão | Patrícia Franca
Projeto gráfico | Bruna Lubambo

Dados Internacionais de Catalogação na Publicação (CIP) de acordo com ISBD

L265

Lane, Sandra

O conto do rouxinol / Sandra Lane, Cascão; Bruna Lubambo (Ilustração) – Belo Horizonte: Aletria, 2020.

48 p., il.;

ISBN 978-65-86881-24-0

1. Literatura infantil. 2. Cordel. 3. Tradição. I. Lane, Sandra. II. Cascão. III. Lubambo, Bruna (Ilustração). IV. Título.

CDD 028.5

Elaborada por Bibliotecária Janaina Ramos – CRB-8/9166

Índice para catálogo sistemático:
I. Literatura infantil

Praça Comendador Negrão de Lima, 81 D – Floresta
CEP 31015 310 – Belo Horizonte – MG | Brasil
Tel: +55 31 3296 7903
www.aletria.com.br

Um reconto de
Sandra Lane e Cascão

O CONTO DO ROUXINOL
EM CORDEL

Gravuras de **Bruna Lubambo**

1ª edição

aletria

Belo Horizonte | 2020

Apresentação

O CONTO DO ROUXINOL, ou o canto do rouxinol, conto popular ora narrado em sextilhas, revela o segredo da soberania desta ave sobre todas as outras. O gênero cordel mostra-se perfeitamente adequado ao reconto de Sandra Lane e Cascão, primorosamente ilustrado por Bruna Lubambo, que usou a técnica da gravura em matriz de linóleo ou linogravura.

O cordel remonta ao século XVI, quando o Renascimento popularizou a impressão de relatos orais, e mantém-se uma forma literária popular no Brasil. O nome tem origem na forma como tradicionalmente os folhetos eram expostos para venda, pendurados em cordas, cordéis ou barbantes, em Portugal. No Nordeste do Brasil o nome foi herdado, mas a tradição do barbante não se perpetuou: o folheto brasileiro pode ou não estar exposto em barbantes.

Sobre o rouxinol, personagem deste cordel, sendo um símbolo mitológico e poético, presente em numerosas obras como na “Odisseia”, de Homero; em “Orfeu”, de Virgílio e em Shakespeare, no soneto “102”, representa a beleza e a unicidade da voz da verdade e dos sentimentos mais profundos. O canto do rouxinol tem sido descrito como um dos sons mais bonitos na natureza, inspirando canções, contos de fadas, óperas, livros e muita poesia.

O canto do rouxinol tem dupla função: à noite é usado como instrumento de sedução e, de madrugada, quase ao amanhecer, serve para defender o território, mostrando aos outros passarinhos que ali, onde ele está, é seu habitat. O rouxinol é capaz de cantar durante horas sem repetir uma única vez a mesma sequência. Chega-se a pensar que são pássaros diferentes. É uma ave tímida, escondendo-se geralmente no meio da vegetação densa e raramente se deixa ver.

Foi quando surpreendida
A terra se viu em cores
Inti, o Deus Sol, pintava
Plantas, céus, pedras, flores
Criando esse planeta
Com encantos e amores.

A partir dessa sextilha da presente obra, os autores enumeram as aves e suas cores na Natureza, pintadas pelo Deus Inti, até chegar ao rouxinol, um pássaro quase sem cores, destacando-se o castanho claro, mas possuidor do canto mais belo de todos. É comovente o desfecho do cordel que, como uma narrativa popular que encerra ensinamentos, nos conta sobre o aprendizado da partilha, da união e da supremacia da beleza interior sobre as coisas vãs deste mundo.

Assinam este O CONTO DO ROUXINOL em cordel dois talentosos artistas de qualidades ímpares. De um lado, Sandra Lane, contadora de histórias, escritora, atriz sombrista, lambe-lambeira, idealizadora e coordenadora dos projetos de pesquisa da tradição oral mineira Primavera de Histórias e Roda de Histórias; de outro, Rodolfo Cascão, educador, cordelista, palhaço, ator, diretor, dramaturgo que, há mais de 30 anos, milita e pesquisa sobre o teatro e a cultura popular. Atualmente, Cascão coordena o Parangolé Arte Mobilização, grupo belo-horizontino que desenvolve uma estética da arte pela cidadania.

Caro leitor, cara leitora: não percamos mais tempo. É hora de voar nas asas deste singular e magnífico cordel O CONTO DO ROUXINOL.

Olegário Alfredo (Mestre Gaio)

Membro da ABLC – Academia Brasileira de Literatura de Cordel
e da ALTO – Academia de Letras de Teófilo Otoni – MG
www.olegarioalfredo.com.br

Vou contar uma história
Do tempo da criação
É o Conto do Rouxinol
E lhe dou uma condição
Se dele você gostar
Reconte com o coração

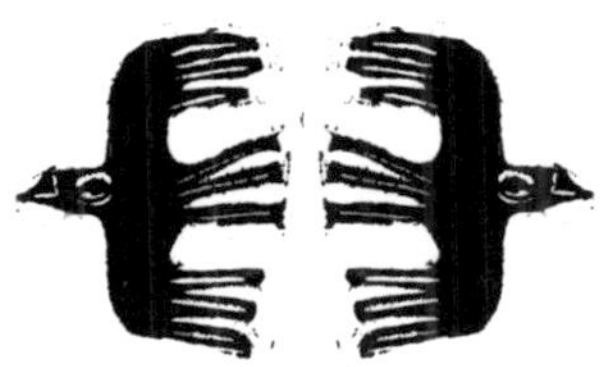

Usando a imaginação
Agora vou começar
Mergulhando nas palavras
Pescando as que vão rimar
Nasce assim este cordel
Para essa história eu contar

Imagine um lugar
Uma terra ali perdida
Solitária, cabisbaixa
Vagava desiludida
Em volta só escuridão
Nem um sinal de vida

Foi quando surpreendida
A Terra se viu em cores
Inti, o Deus Sol, pintava
Plantas, céus, pedras, flores
Criando esse planeta
Com encantos e amores

Ouviu-se o som de tambores
Com as cores do salmão
O prateado dos lagos
O verdejar do limão
O branco gelo da neve
O dourado do leão

Na maior agitação
Esperando cores receber
As aves ansiosas
Viram o entardecer
Hum... Será que o criador
Iria delas esquecer?

O Deus Sol ao seu prazer
Pintou as aves de marrom
Opa! Algumas chiaram:
– O quê? Não tá nada bom!
Temos todas a mesma cor
Banda de um único som

Subiram de vez o tom
Em um louco escarcéu
A passarinhada voou
Zapt! Como um fogaréu
Para reclamar com Inti
No palácio lá do céu

Porém perdidas ao léu
Algumas aves choraram
É que estavam conversando
Vixe! Elas se atrasaram
Mas ao se olharem bem...
Que divina cor ganharam!

As aves que aqui ficaram
Festejaram com alegria!
O amoroso João de Barro
Com a sua engenharia
Contava que a sua cor
Era igual a da moradia

Vejamos que a Cotovia
Com alegria pôs-se a cantar
Enquanto a Rolinha
Para os gatos não atiçar
Camuflada no marrom
Ela podia namorar

Agora vamos voltar
Subimos com o elevador
Pois em cima lá no céu
Um bilhete fez furor
Tava escrito: VOLTO JÁ!
COM AMOR, O CRIADOR

Sem ninguém pra se opor
Começou um carnaval
Com as tintas que estavam
Na mesa celestial
Aves se deliciaram
A bagunça foi geral

Não havia um ritual
Nessa aloucada aquarela
Sem timidez a Arara
Rolou na cor amarela
Vermelha, verde e azul
Grasnou alto: – SOU BELA!

Rodopiando as tigelas
Urubu de pé no chão:
– Nossa que exagero!
Pra que tanta exibição?
Veja o mistério da noite
O charme da escuridão

Eis que aparece o Pavão
Já com o peito azulado
Pintou pluma por pluma
Com um verde cobiçado
Espalhou vários olhos
Afastando mau olhado

A Pombinha de outro lado
Disse a ele: – Ó meu rapaz!
Dessa ostentação de cores
Nenhuma me satisfaz!
Escolherei a cor branca
Um belo símbolo da paz

E nesse vapt-vupt, zás trás
O Canário se empolgou
Pulou no pote amarelo
Deu um mergulho e se alegrou:
– Ói, que penas preciosas
Cor de ouro agora eu sou!

Nem todo mundo gostou
Um deles foi o Periquito:
– Vá pra lá com esse amarelo
E o seu gosto esquisito!
Preferiu ficar verde
Na esperança de ser bonito

O Melro sem agito
Não sei se por timidez
Cores quentes rejeitou
Escolheu com rapidez
O frio azul da solidão
Em um voo partiu outra vez

Eis que com total altivez
O Flamingo se esbalda
Rola na cor-de-rosa
Pinta tudo até a cauda
Dizendo que só lhe falta
Olhos de esmeralda

O Guará não respalda
Mostra que a sua eleita
É a rubra cor da paixão
Ele se pinta e se deita
Na bela cor vermelha
Para ele a mais perfeita

Cada ave satisfeita
No carrossel multicor
Pintou-se ao seu bel prazer
E o presente do senhor
Tão divina cor marrom
Ficou em quem lhe deu valor

As aves no seu furor
As cores escolheram
Sendo assim, uma a uma
Segredos revelaram
Todos sabem agora
Desejos que guardaram

Porém, não desconfiaram
Vaidade pode cegar
Ninguém se preocupava
Se a tinta ia acabar
Se o último passarinho
Conseguiria se pintar

Depois de tanto esperar
A última ave surgia
Quando chegou a sua vez
Tão pouca tinta havia
Gota azul e vermelha
Misturou com poesia

Uma cor ali nascia
Do tão pouco, quase nada...
O esplendor da cor roxinha
Sendo compartilhada
Com as aves que pediam:
– Eu quero ser retocada!

E a ave tão animada
Distribuiu aquela cor
Dividiu o quase nada
Sem sentir nenhum temor
Mas de repente... Silêncio!
Ele surge: Inti, O Criador

O mais célebre pintor
Vendo aquela ave sensível
Fica muito encantado
E de forma imprevisível
Pinta-lhe a gargantinha
Com um roxo inconfundível

Esse pássaro tão incrível
Bem ali brilhando ao sol
Ao sentir o toque divino
Viu sair um si bemol
Dos gorjeios o mais lindo
E assim nasceu o rouxinol

O seu canto foi farol
Reluzindo claramente
Beleza nasce na alma
Na vida do vivente
Que sabe compartilhar
O amor puro que sente

Que este nosso presente
Um reconto ancestral
Nesta forma de cordel
Te traga o canto real
De aves livres sem gaiolas
Num belo voo magistral

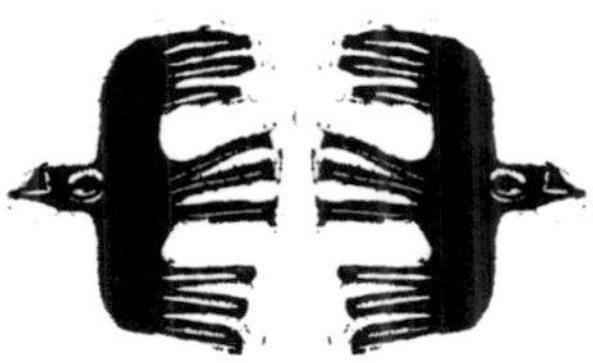

E COLORIN COLORADO,
ESTE CONTO
ESTÁ TERMINADO!

A história deste livro é um reconto livre, em cordel, de uma lenda tradicional da América do Sul.

COLORIN COLORADO

1 O bicho mais poderoso do mundo
2 O conto do rouxinol

Lecy Almeida

SANDRA LANE

Sandra, quando criança, recontava as radionovelas que ouvia, utilizando objetos que catava pelas ruas. A sua plateia eram os amigos da infância, que enxergavam com ela diamantes nos cacos de para-brisa quebrado, olhos mágicos do Cavalo Dourado em botões enferrujados e até mesmo um cinturão poderoso de um rei mandão em uma fivela antiga. E assim, cresceu ouvindo, lendo, criando, contando e recontando histórias. Ela já recebeu alguns prêmios por seus trabalhos na contação de histórias. Mas acredita que o maior deles é o sentir-se feliz neste caminhar, sem se preocupar aonde a sua estrada chegará. Sandra prefere apreciar a paisagem e aproveitar a viagem. Saiba mais: **www.sandralane.com.br**

Fábio Gruppi e Igor Marotti

CASCÃO

Cascão é cordelista que antes era um poeta a postar suas ranhuras do coração, mas que antes ainda era um educador popular que se encalamechava com as sapiências de Paulo Freire. Mas que muito mais antes era desses que fora fisgado pelo teatro, para as cenas da brasilidade e que mais anteriormente ao antes aqui descrito, era um reles filho de operários que trabalhava em um boteco no bairro da Lapa, torcia para o Corinthians e adorava ir ao circo de periferia. Saiba mais: **www.parangoleartemobilizacao.blogspot.com**

BRUNA LUBAMBO

Nasceu no litoral caiçara, filha de pais pernambucanos. Foi criada no interior de Minas, mas aprendeu o beabá em terras cariocas. Estudou comunicação social na UFMG. Mas hoje trabalha mesmo é como ilustradora, arte-educadora e designer gráfico. Conheceu as linguagens da gravura, serigrafia, desenho e pintura em cursos e oficinas extracurriculares pelo Brasil. Para ilustrar o *Conto do Rouxinol*, Bruna usou a técnica da gravura em placa de linóleo, com os originais impressos em cores. Em 2020, Bruna foi finalista do *Prêmio Jabuti* na categoria ilustração com a obra *Oir o Rio* (Ed. Sowilo). Pela Aletria já ilustrou *O Bicho mais poderoso do mundo* e publicou o livro *Dentro de Casa*, de sua autoria. Saiba mais: **www.brunalubambo.com**

Este livro foi composto em
fonte Rambla e impresso em
papel offset 150g.